Centro Creazione Teatrale

Alba Avorio

Narrativa

Giacomo Gamba

Ballata a tre

Centro Creazione Teatrale

Ballata a tre
Giacomo Gamba

Alba Avorio
Narrativa

Copertina a cura di Giacomo Gamba

ISBN 978-88-98446-26-1

Non muovere mai l'anima senza il corpo, né il corpo senza l'anima, affinché difendendosi l'uno con l'altra, queste due parti mantengano il loro equilibrio e la loro salute.

Platone

Nella misura in cui contempleremo la bellezza di quest'epoca con attenzione e amore, in quella stessa misura la sua ispirazione discenderà in noi e renderà a poco a poco impossibile almeno una parte delle bassezze che compongono l'aria che respiriamo.

Simone Weil

Linea d'ombra

Dentro la città c'è un silenzio unico, che è irreale. Lo stesso silenzio c'è anche fuori, sopra, sotto, a destra e a sinistra. Si direbbe che non ci sia anima viva. Forse perché è notte e magari, di notte, in una città industriale, tutti dormono. La mattina dopo saranno riposati e, un po' qui e un po' là, si alzeranno per andare a lavorare, anche se si sente dire in giro che il lavoro non c'è, in questa città qui, industriale e provinciale al tempo stesso. Non si capisce bene se sia una cosa naturale o sia frutto di una grande allucinazione collettiva, quel produrre e consumare a ritmo vertiginoso. Forse è solo il risultato di una colossale propaganda. Fatto sta che in questa città qui, di notte, c'è un silenzio che si può tagliare in due e allora non è più unico. Sono due silenzi: uno di qui e uno di là. Da tutte e due le parti ci sono quelli che dormono nella notte scura. In mezzo, lungo la linea d'ombra, quella compresa tra i due silenzi, ci sono quelli che di dormire non ne vogliono sapere. Perché è impossibile dormire con la pancia vuota, il tormento e i pensieri.

A dire il vero c'è qualcun altro che non dorme,

in questa città qui, anche se ha la pancia piena. Sono quelli che fanno l'amore, ma non che siano proprio svegli, quelli. Lo fanno come fossero automi, ormai, perché in questa città qui, industriale e provinciale al tempo stesso, dove conta solo l'utile, a fare l'amore non ci si guadagna niente e allora non conviene troppo darsi da fare.

Anche il narratore di questa storia non dorme di notte, ma non perché fa l'amore, purtroppo, e neppure perché ha la pancia vuota, quella la riempie spesso sognando di mangiare. No, non dorme perché gli prendono delle curiosità, di notte, che non sa nemmeno lui da dove vengano. Lo spingono a osservare il mondo fuori dalla finestra, per poi annotare sul taccuino ciò che accade, proprio come sta facendo ora. Certo bisogna ammettere che è un bel fastidio, alle volte, quando vorrebbe chiudere gli occhi per dormire. "Girati dall'altra parte e schiaccia un pisolino" potreste dirgli voi, ma nel caso vi assicurerei che ha provato a far finta di niente e non ha funzionato. A furia di sognare di mangiare, nel suo cervello, deve essersi depositato un inchiostro nero di cui si può liberare solo riempiendo il quaderno di segni convenzionali, che gli hanno insegnato alla scuola elementare. Se potesse, per riuscire a far finta di niente e addormentarsi, qualche volta, gli piacerebbe anche mangiare dignitosamente, ma in questa città qui, industriale, provinciale, che pensa solo ai soldi e per giunta fredda e noiosa, non si può guadagnare la pagnotta con l'inchiostro e con le parole. Insomma, qui, le cose che contano sono: la produzione, il commercio e il consumo delle cose superflue, da cui il sostentamento della repubblica che, come dice la Costituzione, si fonda sul lavoro. Riguardo alle cose superflue proposte dal mercato, nessuno sembra poterle rifiutare. Lo suggerisce la propaganda, per riempire di moneta le tasche di quelli che comandano questo bel sistema progredito.

Adesso, però, sarebbe il caso che il narratore non si facesse distrarre dalla nebbia che sale dalle strade di questa città qui. Meglio sarebbe raccontare di quelli che vede proprio laggiù, dalla sua finestra e che stanno in mezzo ai due silenzi di prima. Quelli là che vivono con il tormento e i pensieri, mentre gli altri, un po' di qui e un po' di là, continuano a dormire.

Io non so da che parte stiate voi altri. La cosa certa è che quando leggerete queste parole sarete svegli di sicuro, ma in questa città qui non so se vi conviene.

Quelli là che si vedono dalla finestra e stanno nella linea d'ombra dentro la città, portando con sé il tormento e i pensieri, sono Lenticchia e Scompiglio o meglio sono le gambe di Lenticchia e Scompiglio i quali sono infilati a testa in giù dentro un cassonetto della spazzatura. Fanno un casino del diavolo e rischiano di svegliare tutti quelli che dormono, sia di qui, che di là.

No, non preoccupatevi, quelli che fanno l'amore come automi non si svegliano dal loro torpore. Quelli, al massimo, si riaddormentano che è un piacere.

"Cristo, nemmeno un tozzo di pane."
"Ehi! Lascia andare quella roba."
"È mia."
"Nemmeno per sogno."
"Ti dico che è mia, mia!"
"Se fosse tua non sarebbe qua dentro."
"Se non fosse qua dentro allora sarebbe di qualcun altro. Invece è mia!"

E via a litigare per qualcosa di morbido che sta lì sul fondo del cassonetto e che Lenticchia riesce a sfiorare solo con la punta delle dita. Anche Scompiglio, che è un po' più in là, si sporge per prenderlo. Potrebbe essere qualcosa da mangiare.

"Ecco, ci sono."
"Anch'io."
"No, io."
"Io."

Così i due si allungano un po' troppo in avanti, con la punta delle dita e anche tutto il resto, e finiscono per cadere dentro il cassonetto. Il coperchio si chiude sopra di loro e un buio così solido, che questa volta non si può tagliare con il coltello, li travolge. Rimangono lì, con gli occhi spalancati sul nero più puzzolente che c'è.

Lenticchia e Scompiglio si sentono strani. Non riescono a capire bene come stanno le cose.

"Smettila di spingere."

"Non sono io che spingo. Sei tu che spingi."

"Guarda che io sono fermo, come un paracarro."

"Se tu sei un paracarro, io sono pieno di soldi."

"Se sei pieno di soldi allora dovresti darne un po' anche a me."

"A te non do proprio niente."

"E allora tieni" e gli rifila una sventola di quelle che ti farebbero girare la testa. Ma né la testa di Lenticchia, né quella di Scompiglio girano, per niente. Però si sente lo stesso un gran rumore e un urlo: "Ahi! Miseria, maledizione!"

Non è Lenticchia che urla e nemmeno Scompiglio.

Quello è un altro. Sta proprio lì, in mezzo ai due che non hanno ancora capito niente e hanno cominciato ad azzuffarsi come i gatti, con quello al centro che le prende tutte e non fa una piega, salvo urlare ogni tanto: "Ahi! Miseria, maledizione!"

Non si chiama Maledizione quello che sta in mezzo a Lenticchia e Scompiglio. Quello si chiama Disoccupazione.

"Adesso volete piantarla?"

E Lenticchia a Scompiglio: "Da quando mi dai del Voi?"

"Io non ti ho dato del Voi. Tu mi hai dato del Voi."

"Non l'ho fatto!"

"E allora chi ha parlato?"

"Io. Miseria, maledizione!"

"E tu chi sei?"

"Uno che se ne stava tranquillo qui dentro."

"Nel nostro cassonetto?"

"Il cassonetto non è di nessuno. É un bene pubblico e io l'ho occupato prima di voi."

"Se è un bene pubblico non può essere occupato e noi vogliamo la nostra parte."

"Se volete la vostra parte allora dovete presentare domanda."

"A chi?"

"Al qui presente che stava qui prima di voi."

"E chi sarebbe il Quipresente?"

"Io!"

E allora Lenticchia e Scompiglio fanno partire all'unisono una di quelle sventole che ti fanno sputare tutti i denti in avanti, ma anziché colpire Disoccupazione si colpiscono a vicenda. Finiscono col fare un gran trambusto, con le loro teste che vanno a sbattere contro le pareti di ferro del cassonetto, per poi rimbalzare contro la testa di Disoccupazione che adesso vede gli uccellini anche lui, e poi le stelle, nemmeno fosse piombata giù dal cielo la Via Lattea insieme a una calda giornata di primavera.

Quando gli uccellini se ne vanno e le stelle spariscono dentro la notte, quei tre sbandati lì sono diventati come amici. Non si ricordano neppure di essere stati separati, prima. É risaputo che le botte in testa fanno miracoli.

Allora Lenticchia, Scompiglio e Disoccupazione se ne stanno seduti nel cassonetto, appoggiati tra loro, con un sorriso ebete stampato in viso. Quell'aria da serafici bonaccioni, voi, non la potete vedere perché è tremendamente buio lì dentro.

Le loro sei narici, però, le potete sentire che annusano come caffettiere dentro quel nero fetente più nero che c'è.

Il buio se lo dividono tra loro tre e anche il puzzo, perché quella città lì, che pensa solo ai soldi e alla produzione, si comporta democraticamente con le narici di quelli che hanno il tormento e i pensieri. Così fanno un po' per uno di quell'aria malsana, perché è gratis e nessuno gliela può portare via.

Forse si sono addormentati, dentro la linea d'ombra, stretti uno all'altro, per non cadere né di qui né di là nella notte più scura. Potrebbero svegliare quegli altri e sarebbe meglio evitarlo poiché domani si alzeranno per andare a lavorare. In ogni caso non c'è da preoccuparsi, quelli non si svegliano neanche con le cannonate.

Tremori

TRA
    TA   TAM
   TAM

Un tremore pazzesco sorprende Lenticchia, Scompiglio e Disoccupazione mentre sono intenti a ronfare, proprio come sorridenti caffettiere. Dev'essere un maremoto, pensano i tre balordi e cercano di rimettersi seduti dentro il cassonetto che continua a traballare pericolosamente.

"Un maremoto!" urla Lenticchia.

"Un maremoto?" sbadiglia Scompiglio.

"Un maremoto!" conferma Disoccupazione.

Il cassonetto sembra sollevarsi, come tirato su dall'onda di un mare di terra, perché lì in quella città, che è tutta di cemento, il mare non c'è proprio, anche se qualcuno dice che… in età preistorica… va bene, ma adesso il mare lì non c'è e basta.

Il cassonetto traballa, traballa e sale.

I tre restano in silenzio.

Lenticchia prega dentro di sé, anche se non ricorda nessuna preghiera e allora se la inventa, perché se Dio esiste, pensa, sarà buono e non starà proprio lì a pesare le parole.

Scompiglio non prega. L'ultima volta che l'ha fatto, quando era piccolo e doveva prendere la comunione, proprio sul più bello, gli era scappato da ridere. Il prete gli aveva allungato un manrovescio e gli erano rimasti i segni in faccia per una settimana. Poi a casa aveva preso il resto.

Disoccupazione prega e non prega allo stesso tempo, perché ha paura (e allora prega), ma poi improvvisamente si ricorda di essere stato iscritto al sindacato, quando ancora era un lavoratore e si ricorda che quelli del sindacato mica pregano, al limite fanno lo sciopero. Allora Disoccupazione un po' prega e un po' fa sciopero. Magari, dovesse esserci un Dio, va a finire che quello fa cessare il terremoto, perché non può più supportare lo sciopero che gli manda in malora tutta la produzione.

Così, a furia di pregare, non pregare e fare sciopero, il cassonetto si ferma e smette di traballare.

"Lo sapevo che Dio avrebbe ascoltato le mie preghiere."

"Non ha ascoltato le tue preghiere, ma i miei silenzi."

"Per me è stato lo sciopero a funzionare. I padroni, quando vedono che perdono i soldi, allora vengono alle buone."

"Sarà, ma se avessimo un padrone avremmo un lavoro."

"E se avessimo un lavoro avremmo dei soldi."

"E qualcosa da mangiare."

"E non saremmo finiti qui dentro."

"Io non sono finito qui dentro, ci stavo già qui!", puntualizza Disoccupazione. Poi sta per riprendere la storia della proprietà privata, delle teorie sociali, eccetera, eccetera, ma non fa a tempo a iniziare il discorso che si ritrova sottosopra dentro il cassonetto.

Lenticchia e Scompiglio gli piombano addosso con tutto il peso.

In un attimo precipitano tutti fuori e cadono giù verso il basso. Atterrano facendo un gran botto, con le ossa che urlano, dentro uno spazio più grande, ma che puzza come il cassonetto e forse anche di più. Siccome è ancor più buio lì, possiamo solo immaginare i loro corpi ammonticchiati uno sull'altro, come fossero dei quarti di bue, ma non così pregiati, perché, quei loro corpi lì, non li vuole proprio nessuno.

Il pattume gli è entrato nella bocca, nel naso, nelle orecchie e anche da qualche altra parte. Quei tre sono diventati a tutti gli effetti dei rifiuti umani. E poi è umido lì dentro, perché quello spazio è a tenuta stagna e il *rudo* ha lasciato andare tutto il peggio che c'è.

Adesso Lenticchia, Scompiglio e Disoccupazione sentono scendersi addosso delle gocce maleodoranti grosse così, come noci, lungo la schiena, la pancia, le gambe e anche le dita dei piedi. É un po' un problema per i tre. Oltre a soffrire il solletico, che li fa ridere come ragazzini, gli scappa anche la pipì e gli scappa proprio forte.

A Lenticchia di più e così si è già tirato in piedi e, anche se fa fatica a stare in equilibrio lì sopra, la sta facendo un po' più in là.

"Sentite anche voi quello che sento io?"

La voce di Disoccupazione rimbomba come dentro a un secchio.

"Ci deve essere un ruscello qui vicino" tuona Scompiglio, mentre Lenticchia zitto-zitto continua a far pipì, tanto prima o dopo la finirà. In effetti finisce, ma il rumore c'è ancora.

É Scompiglio che la sta facendo adesso e Disoccupazione che insiste: "Tutti i corsi d'acqua prima o poi finiscono in mare".

"Potremmo seguire il ruscello se fossimo capaci di nuotare" insinua Lenticchia, mentre Scompiglio continua a fare pipì. Prima o poi finirà anche lui, ma il rumore dell'acqua continua perché infine è Disoccupazione che la sta facendo. La fa e tace. È troppo attento a stare in piedi sopra il mucchio d'immondizia, nel buio più buio che c'è e nel puzzo più fetente che mai.

"Io non so nuotare" confessa Scompiglio.

"Nemmeno io" ammette Lenticchia.

Poi il rumore finisce e non si sente più niente. Non c'è più nessun ruscello da nessuna parte.

"Nemmeno io so nuotare" fa eco Disoccupazione e aggiunge: "Per fortuna che il ruscello non c'è più altrimenti, una volta arrivati al mare, sarebbero stati guai."

Tremori più grandi

TUM
    TUM
        TUM
  TUM
        TUM   TUM

Adesso il cassone più grande sembra camminare, come se fosse trasportato in giro per la città. Lenticchia, Scompiglio e Disoccupazione si trovano dentro un camion per il trasporto dell'immondizia, anche se loro non lo sanno e sono sballottati di qua e di là a ogni curva e a ogni sobbalzo della strada. Ogni tanto il camion si ferma e allora sentono i soliti rumori, TRA-TA-TAM-TAM e poi una massa d'immondizia tutta nuova che precipita sopra le loro teste. Il cassone è quasi colmo ormai e i tre sono stremati. In mezzo a quel mare di pattume annaspano e spuntano fuori con la testa, come dei naufraghi metropolitani. Se dovesse arrivare ancora un carico, con una nuova pioggia sopra di loro, finirebbero con l'essere sommersi del tutto e allora sarebbe finita per sempre, con un annegamento nel mare più putrido che c'è. Lenticchia, Scompiglio e Disoccupazione questa volta non sanno bene a che santo votarsi, perché non si può pregare con la bocca piena di rifiuti, ma neanche si può fare sciopero. Così non fanno proprio niente e aspettano, al buio sempre più buio che c'è, con l'aria che si è fatta poca.

Questa città qui

L'ho sempre saputo che questa città qui non perdona. Si è mangiata i campi in fiore, ha sotterrato tonnellate di scarti nocivi sotto i giardini e ha steso le sue lastre d'asfalto fino ai confini del mondo. Si è appropriata dello spazio e del tempo, questa città qui, mutilata, come una strada senza uscita.

In giro, per le vie, sopravvivono moltitudini di disgraziati, oltre a Lenticchia, Scompiglio e Disoccupazione. Sono emarginati, senza quartiere, che abitano la notte negli angoli più acuti del mondo. I loro nomi sono Abbandono, Mancanza, Solitudine, Disperazione e così via. Sono le vittime di una grande allucinazione collettiva che costruisce idoli elettronici e affama le masse, senza un briciolo di compassione. Non può esserci silenzio, nella notte, per esseri come questi che stanno nel punto più basso dell'esistenza. Non si può dormire con il tormento e con i pensieri, ma nemmeno si può stare svegli a se stessi quando il tormento e i pensieri ti mangiano l'anima e la vita.

Lenticchia

Lenticchia vorrebbe tanto dormire, ma è proprio impossibile. C'è una tormenta nella sua pancia, un brontolio che è come quello di un vulcano. Il suo intestino è attorcigliato, annodato come una corda di canapa attorno a una pietra che sprofonda in mezzo al mare. Allora si lascia andare, con tutto il corpo, nella speranza di sparire, ma non ce la fa a dissolversi. Le sue membra sono indipendenti. Sono fatte di materia e non vogliono sciogliersi a un suo comando. Ci vorrebbe del tempo, così forse potrebbe decomporsi e nutrire i vermi. Ci vorrebbe anche la carne addosso, però. Lui, invece, di tempo e carne non ne ha proprio e l'intestino continua a sbraitare, impedendogli di svanire.

Scompiglio

Scompiglio non dorme e non sta sveglio. Anche lui è lì che aspetta e basta, senza fiatare, senza fare una mossa: sospeso. Medita e raccoglie tutta l'energia, come la nuvola di un temporale sul punto di esplodere. Ha gli occhi chiusi, ma gli pare di vedere. Ha la bocca serrata, ma gli pare di urlare. Ha le orecchie tappate, ma gli pare di sentire una musica. Ha gli arti immobilizzati, ma gli pare di danzare, danzare, danzare ancora e toccare l'aria.

Disoccupazione

Disoccupazione, invece, vorrebbe stare sveglio per organizzare un incontro con il sindacato. Vorrebbe esporre il suo problema, farsi sentire insomma. Convincere gli iscritti che è giunto il momento di agire, di prendere in mano la situazione e magari di scioperare contro i potenti e gli oppressori. Vorrebbe, ma non riesce a tenere gli occhi aperti. Le palpebre si abbassano come saracinesche e lui fatica a riaprirle. Ci vuole un grande sforzo. Deve concentrarsi e pensare. Pensare che, se non tiene gli occhi aperti, è la fine, la fine del sindacato, degli iscritti e delle cause combattute per la dignità. Ma non è facile pensare a quelle cose mentre le forze ti abbandonano e un'oscurità più oscura si espande dentro gli occhi, nel cervello e giù lungo la spina dorsale. È un'oscurità che Disoccupazione conosce bene, non è la prima volta, ma potrebbe essere l'ultima e allora il dubbio lo sostiene e lo sprona. Così, con uno sforzo sovrumano, riesce a sollevare la palpebra dell'occhio sinistro. Quel poco sufficiente a far filtrare una striscia di luce, anche se di luce non ce n'è. C'è solo il buio di quella notte lì, che però è uguale all'oscurità più oscura di prima.

Da qualche parte, immersi nei rifiuti, devono esserci anche i suoi amici, Lenticchia e Scompiglio. Se solo riuscisse a sentire le loro narici, che nasano come caffettiere, sarebbe già qualcosa. Basterebbe un fremito. Basterebbe per cominciare con loro una campagna di sensibilizzazione. Insieme sarebbero più forti e potrebbero anche coniare un motto, una serie di parole da urlare in faccia ai responsabili di quella situazione.

Disoccupazione vorrebbe proporre "LIBERTÀ", ma non è sicuro che possa piacere anche agli altri. In ogni caso la sua idea sarebbe di condividere, anzi dividere equamente il motto in tre. LI per Lenticchia, BER per Scompiglio e TÀ per Disoccupazione. Così sarebbe proprio democratico e, con poco fiato, vista la sfavorevole situazione, potrebbero ottenere il massimo risultato.

Però il problema è che non si sente il respiro di un'anima, lì vicino. E allora i casi sono due: o i suoi amici sono scomparsi oppure sono stati presi anche loro dall'oscurità densa che gli è precipitata giù in fondo alla schiena, poi lungo le gambe e fino alla punta dei piedi.

Treparole

Invece i tre sono tutti lì, insieme, dentro il pattume, che sta dentro il cassone, che sta dentro il parcheggio di un camion, che sta dentro gli edifici di una grande azienda municipalizzata, che sta dentro un quartiere, che sta proprio dentro questa città qui, che sta dentro la più grande provincia del paese, che sta dentro una lingua di terra compresa tra alcuni mari, che sta dentro un continente, che sta dentro un pianeta, che sta dentro la galassia, che sta dentro l'universo, che sta dentro non si sa cosa.

Allora Lenticchia, Scompiglio e Disoccupazione stanno dentro l'esistenza come in una matrioska e, anche se sono nel contenitore più piccolo, sentono di far parte di qualcosa che sta fuori dalla loro mente e che non sanno nemmeno immaginare. Proprio come adesso che sono lì, sepolti vivi, senza vedere nulla e senza vedersi tra loro. Eppure si sentono in contatto con una dimensione che, se potessero, definirebbero spirituale, ma Lenticchia, Scompiglio e Disoccupazione proprio non conoscono quella parola.

Lenticchia, infatti, pensa che quello sia Dio

nella sua forma più confusa che c'è.

Scompiglio, invece, pensa che non sia un Dio, perché secondo lui potrebbero essercene molti e, in ogni caso, se proprio deve pensare, preferisce pensare che quella sia una Dea tutta femminile e anche con tutte le curve a posto.

Disoccupazione vorrebbe pensare che quello sia Marx, in carne e ossa, ma proprio non ci riesce, perché è impossibile che quella dimensione possa essere materiale e allora decide di pensare che si tratti dello spirito del più grande sindacalista mai esistito.

Insomma, Lenticchia, Scompiglio e Disoccupazione non riescono a trovare una dimensione spirituale comune e allora ci pensa un angelo che compare proprio lì davanti a loro, nel cassone dell'immondizia, per abbattere le differenze. È così luminoso che tutti e tre lo possono vedere, uguale.

Quell'angelo lì si chiama Treparole, forse perché con una non potrebbe dire come la pensa, con due si troverebbe sempre nel mezzo di un'opinione, mentre tre potrebbero bastare per esprimere una posizione. Quell'angelo lì, però, non parla. Se ne sta lì tranquillo, luminoso e immobile.

E allora perché si chiama a quel modo?

Non si sa.

I tre vorrebbero chiedergli qualcosa, ma sono

impossibilitati a parlare e allora ciascuno di loro gli parla con la mente, tanto è un angelo e quindi sono sicuri che capirà.

Lenticchia gli dice più o meno così: "Sei più magro di me e allora vuol dire che non si mangia molto dalle tue parti. Se tu fossi veramente un angelo potresti procurarti del cibo, ma forse non ne hai bisogno, perché uno come te mica si nutre di cibo vero. Però potresti sempre trovarne un po' per me e così ci crederei che sei un angelo."

Scompiglio ha un tale caos nella mente che si rivolge all'angelo così: "Iu fu nao mira co niu si poa vali ca renos tsa vi ta."
Si tratta di un linguaggio sconosciuto e anche lui si stupisce di questa sua capacità. Quella frase deve pur significare qualcosa e Scompiglio continua a ripeterla nella sua mente, fino a convincersi d'essere lui stesso uno spirito incarnato dentro quel suo corpo lì, immerso nell'immondizia.

Disoccupazione invece è un po' refrattario agli angeli, anche quando si tratta dello spirito di Marx. Per prima cosa si chiede come possa essere possibile una cosa del genere e cioè che lo spirito del più grande sindacalista di tutti i tempi possa essere finito lì dentro. Poi si chiede quale possa essere la domanda da rivolgergli, per non perdere tempo e intavolare una trattativa favorevole a tutto il popolo, nessuno escluso. Infine s'immagina quale onore riceverebbe dal sindacato per aver compiuto l'impresa di intervistare lo spirito di Marx. Così facendo, però, Disoccupazione spreca un sacco di tempo, perde il momento buono e finisce che lo spirito di Marx sparisce. Allora Disoccupazione pensa che non ci sarà mai pace per i lavoratori, se anche l'essenza di Marx se ne va lasciandoli nella stessa condizione in cui li ha trovati.

Starnuto

Comunque un angelo è sempre un angelo e, così com'è venuto, se ne va, senza dire niente, ma lasciando dietro di sé una scia di lavanda che a Lenticchia, Scompiglio e Disoccupazione s'infila su per le narici, fino a farli starnutire. Uno starnuto è sempre uno starnuto e quell'impeto li precipita giù, più in fondo, dentro il *rudo*, cosicché ora sono sotto anche con la testa.

Il buio non è uguale a quello di prima, è un po' più solido. Gli occhi, le orecchie, il naso e la bocca sono schiacciati contro la materia di scarto più scarto che c'è. Quella roba lì è quella per cui la mattina i più si levano dal letto e poi vanno a lavorare. Quella per cui perdono il sonno, alle volte, e impegnano la vita.

Lenticchia, Scompiglio e Disoccupazione, invece, ce l'hanno tutta per loro, gratis, ma non è come quella che ti fanno vedere in televisione e che regala benefici. No, quella lì è proprio fastidiosa, provoca dolore e puzza di marcio. É spigolosa e non ti avvolge con il suo abbraccio luminoso come vogliono farti credere. Quella roba lì ha perso tutto il suo fascino ammaliante e adesso sommerge Lenticchia, Scompiglio e Disoccupazione i quali non possono far altro che lasciarsi precipitare del tutto.

Numero tre

Per continuare a raccontare dei nostri tre poveracci, bisogna, urgentemente, rifarsi a un precedente piuttosto rilevante nella storia conosciuta dell'essere umano.

Era il tempo in cui tre uomini furono messi in croce. Il primo, dall'aria illuminata, fu sistemato nel mezzo, mentre gli altri due, chiamati ladroni, uno alla sua destra e l'altro alla sua sinistra.

Non che qui si voglia in nessun modo essere irrispettosi e paragonare le due vicende, così distanti tra loro. Piuttosto si vuole segnalare come questo numero tre ritorni sempre quando si parla di poveracci e poi evidenziare alcune differenze sostanziali tra le due storie, che meglio aiuteranno a capire la portata degli avvenimenti.

La prima differenza sta nel fatto che né Lenticchia, né Scompiglio, né Disoccupazione possono interpretare, per così dire, il ruolo dell'uomo crocifisso al centro, per evidenti mancanze interne. Loro non sono uomini illuminati, non sono del tutto consapevoli del loro agire, non hanno padre, essendo figli di nessuno, non hanno alcuna preparazione culturale e non immaginano possa esistere qualcosa di simile allo Spirito Santo. Lenticchia, Scompiglio e Disoccupazione non possono neppure interpretare il ruolo dei due ladroni, perché proprio non hanno fatto niente di male e non hanno compiuto azioni contrarie alla legge, se non l'essere povera gente, senza terra e nazionalità.

Insomma, se non fosse per questo tentativo di rendere note le loro vite è come se non esistessero. Nessuno si accorgerebbe della loro presenza e nemmeno della loro scomparsa.

Ora, non vorrei che voi scambiaste il presente racconto per un vangelo, poiché proprio non vi è nessuna attinenza. Si può dire, invece, che il qui presente narratore sia l'unico che, rapito da una curiosità inevitabile, si è preso la briga di portare alla luce questa miserabile avventura. La vicenda di tre esseri umani che non faranno la Storia, non si sacrificheranno per salvare l'umanità e non lasceranno nessun segno degno di nota nel cammino verso la salvezza ultraterrena.

Eppure Lenticchia, Scompiglio e Disoccupazione valgono bene il tempo che gli stiamo dedicando e non lo dico per giustificare il nostro interesse.

Non vi sembrano, i tre, degni di attenzione?

Guardateli.

Quanti anni avranno?

Non è facile capirlo, così conciati, con i capelli

lunghi, unti e le barbe sfatte, così arricciate e conce da poter ospitare un esercito di pidocchi. Gli occhi sono scavati e bordati da un'ombra violacea. E i loro corpi? Sono scarnificati da fare spavento. Le ossa sporgono qua e là, a fare da sostegno alle vesti logore, proprio come farebbe il telaio arrugginito di un ombrello rotto.

Non vi sembra di cogliere in loro una certa somiglianza?

Si potrebbe dire che sono fratelli, forse o che in tre riescono a malapena a farne uno oppure che sembrano quasi una cosa sola.

Comunque la si voglia vedere, a guardarli proprio bene, si corre il rischio di affezionarsi e verrebbe voglia di mettergli vicino un paio di ladroni a testa. Così facendo però bisognerebbe procurarsi troppe croci senza nome che, in un mondo come il nostro, sarebbero prodotte in materiale plastico, salvo ritrovarle abbandonate in qualche discarica dopo l'uso oppure riciclate, a mo' di albero di Natale, addobbate con palline colorate.

Altri guai

Ora che abbiamo chiarito molte cose riguardo alla portata degli avvenimenti, possiamo tornare a guardare da vicino la massa d'immondizia che sta sopra i corpi di Lenticchia, Scompiglio e Disoccupazione.

Ci vorrebbe un miracolo perché scomparisse sotto i nostri occhi oppure una rivoluzione perché soccombesse al volere del popolo.

Di miracoli, però, neanche l'ombra; si sono perse le tracce nei secoli. Riguardo alle rivoluzioni, si sa, sono tutte fallite, per cui il popolo, ammansito dalla società del commercio, è solo l'ombra del popolo che fu e di rivoluzioni vuol sentir parlare, si, ma solo dal punto di vista finanziario. Un bel guaio per quei tre poveracci che stanno sotto quel cumulo di rifiuti e che sono più di là che di qua. Già, perché adesso sono proprio immobili e sembrano non respirare. Non pregano gli dei, non parlano con gli angeli e nemmeno con lo spirito di Marx. Si potrebbe pensare a loro come a dei martiri, ma ciò non è possibile perché il loro dramma non si sta consumando alla luce del sole.

Nessuno, a parte il narratore e voi naturalmente, sa delle loro vite appese a un filo.

Per quanto riguarda il narratore, mi pare stia cercando di darsi da fare come può, ma poiché il mondo è pieno di vicende come questa, dove i protagonisti sono dei poveri disgraziati dimenticati, non credo proprio che i tre saranno fatti santi e tantomeno annotati sopra i calendari. V'immaginate? San Lenticchia, Santo Scompiglio e Santa Disoccupazione (perché al femminile suona meglio e poi si può sempre raccontare che non era proprio un maschio e chissà che altro).

In ogni caso il narratore potrebbe anche inventare delle cose che non aderiscono ai fatti, ma la questione indiscutibile è che quei tre lì sono là dentro, nel pattume, senza che sia possibile intervenire per aiutarli.

Voi che siete semplici spettatori esterni, che magari state proseguendo, a malavoglia, nella lettura di questo strampalato racconto, forse spaparanzati al sole, in una di quelle vacanze estive per cui la lettura diventa improvvisamente un toccasana, voi, stavamo dicendo, potreste pensare di allertare la protezione civile, oppure richiedere l'intervento celere di tutte quelle istituzioni che si sono eclissate al mondo degli sbandati, dei poveracci e dei morti di fame.

Questo però sarebbe chiedervi troppo. Equivarrebbe alla concreta possibilità di partecipare direttamente alla stesura di questa storia e purtroppo ciò non è possibile. Potreste anche mettervi a urlare, predicando il vostro orrore davanti a tali sciagure inaspettate. Orrori che precipitano dall'alto, sulle nostre porte di casa. Insomma potreste anche pontificare che nulla cambierebbe.

Le parole, come le urla, possono essere vanitose, avere la pretesa di essere più vere della semplice azione scaturita invece dall'urgenza interiore e dallo spirito di compassione, da quelle parti cioè dell'uomo più sincere.

Anche se vi strappaste le tonsille, a forza di far vibrare le corde vocali per l'indignazione nei confronti di questa storia, narrata da uno sciocco cantastorie, straccione almeno quanto i personaggi di cui va raccontando, niente accadrebbe. Le vostre urla, insieme alle vostre parole, sarebbero del tutto inutili alla causa di Lenticchia, Scompiglio e Disoccupazione, perché per loro decide la sorte.

Insomma se intendete veramente aiutare quei tre disgraziati non vi resta che agir d'impulso e recarvi sul posto, là dove la montagna immonda ricopre i corpi inermi dei nostri leggendari disperati.

Trasformazioni

C'era da aspettarselo. Com'era nelle previsioni non avete potuto recarvi sul posto, quasi sicuramente per mancanza di coordinate satellitari o di qualche altra novità tecnologica. É comprensibile. Non è conveniente mettere i piedi sopra quell'immensa palude di zozzerie dove stanno affondando i nostri tre, il cui destino ormai è segnato. Eppure, a guardarli da vicino e cioè immergendosi completamente dentro al *rudo* fino a poterli toccare, non sembrano morti. I tre hanno sulla bocca un sorriso lieve come quello di un bambino e dunque sono ancora in questo mondo.

Lenticchia è in posizione fetale. Pare un bruco.

Scompiglio dorme a pancia in giù, spaparanzato tra i rifiuti come fosse sopra un materasso, così disarticolato da sembrare una rana.

Disoccupazione invece se ne sta sdraiato, pacifico, con il naso all'insù, come dormirebbe un lumacone sopra un letto di petali di rosa.

È sorprendente, direte voi, trovarli ancora vivi, ma, come avreste dovuto ormai intuire, questa razza di pezzenti ha la scorza dura e magari sette e più vite come i gatti, ma quelli mitici.

Il mito si sa si nutre d'invenzioni e poesia, tanto più efficaci quanto più vicine al mondo degli uomini, ai loro istinti primordiali e a tutti quegli impulsi inevitabili cui soggiace l'essere umano in preda appunto alle passioni.

Ora però c'è da chiedersi, in maniera del tutto legittima, quale diavoleria hanno agito Lenticchia, Scompiglio e Disoccupazione per trasformarsi da sicuri cadaveri a innocenti esseri addormentati?

Parafrasi e teorie

Se è vero, come si dice, che quando si è molto giovani non si vive nessun momento, allora forse quando lo si è un po' meno si cominciano a percepire certe cose che prima sembravano non solo lontane, ma addirittura inesistenti.

Se invece si parla della fanciullezza, l'età in cui sono precipitati i nostri tre, allora meglio riferirsi a un'età magica, durante la quale è possibile fare pensieri molto vicini ai sogni e ai desideri, così prossimi da renderli possibili in ogni momento presente e così uniti al senso delle cose che però nessuno ci crede mai.

Che cosa possa essere accaduto affinché si realizzasse la trasformazione di Lenticchia, Scompiglio e Disoccupazione, proprio non è dato di sapere, ma è comunque possibile fare una supposizione di carattere antropologico-teatrale, forse l'unica possibile. Poiché Lenticchia, Scompiglio e Disoccupazione si sono ritrovati del tutto immobilizzati, senza possibilità di azione alcuna, svuotati completamente del loro ego e senza fiato per pronunciare una sola parola, potrebbe essere accaduto che il loro corpo, aiutato dalla mancanza assoluta di cibo e quindi di zuccheri e ossigeno necessari a nutrire il loro cervello, possa essere regredito a quello stato così puro e libero che corrisponde a quando si è bambini. Momento nel quale si è presi a tal punto dal gioco da non aver fame, e la concentrazione di energia è così elevata da riuscire a catalizzare l'attenzione del mondo senza nulla rappresentare. Nel caso dei tre si potrebbe anche aggiungere che quell'energia li abbia trasportati direttamente nel mondo dei sogni.

Questa balorda teoria potrebbe anche non avere fondamento, ma sta di fatto che Lenticchia, Scompiglio e Disoccupazione vivono dentro questa dimensione e, a voler essere precisi, dentro sogni molto particolari, nei quali hanno perfino assunto altre identità.

Epilogo a colori

"Le cose stanno come devono stare e basta. Non sarà il progresso della tecnica a determinare il futuro dell'uomo, ma le sue caratteristiche biologiche. Noi siamo ciò che il cervello ci fa essere. È una cosa molto semplice. La ragione non è in grado di fermare il male che l'essere umano commette perché il male è parte della nostra natura umana. Non c'è cultura o fede che sia in grado di fermarlo."

Così parlerebbe Lenticchia se fosse uno scienziato.

"Bisogna spostare l'orizzonte oltre i confini della scienza per individuare un sapere ipotetico-deduttivo che non persegue la verità: parte da ipotesi presumibili con un atteggiamento che potrebbe rientrare nell'ambito di una particolare fiducia nella capacità percettiva dell'essere umano."

Scompiglio risponderebbe, più o meno, in questo modo, se fosse un filosofo.

"È il desiderio umano di vincere la morte che mette in evidenza la singolarità degli esseri umani. Ecco perché il cervello è in grado di produrre cultura. Un desiderio che può andare oltre i dettami dei neuroni, oltre il dato empirico e che spinge a teorizzare una sua origine altra."

Disoccupazione, che è stato quasi in contatto con lo spirito di Marx, potrebbe intercalare con queste parole, se fosse un teologo.

Lenticchia, Scompiglio e Disoccupazione, però, non sono mica quelli lì. Quelli lì sono grandi mentre loro ormai hanno assunto un'altra identità, che non è proprio un'identità. Sono proprio loro, ma non sono più loro, cioè quelli che erano diventati a causa di quella vita lì. Sono tornati come quando sono nati, senza pensieri bianchi, neri e alle volte anche un po' grigi. Sono tornati con i pensieri colorati e sono proprio così com'erano prima.

Insomma Lenticchia, Scompiglio e Disoccupazione sembrano felici e giocano al bruco, alla rana e al lumacone. Chiudono gli occhi e corrono in un prato che però non è proprio un prato, ma a piedi nudi l'erba li solletica.

Il cielo è percorso da enormi palle di cotone zuccheroso. Sospese per aria come tanti aquiloni, giocano a nascondere il sole che strizza l'occhio al mondo, gettando petali di seta nell'aria.

Papaveri giganti infuocano il prato, anche se non è proprio un prato. Sono così grandi che Lenticchia riesce a malapena ad abbracciarne lo stelo.

Scompiglio invece è riuscito a salire in groppa a un maggiolino. Vola sopra i papaveri e quando guarda giù, con gli occhi gonfi di gioia, saluta Disoccupazione. Lui se la sta godendo all'ombra di una margherita che sovrasta tutto, anche i papaveri e che continua a crescere, a crescere, a vista d'occhio. Forse vuole raggiungere il sole, che non è proprio un sole, chissà.

I tre non hanno parole per spiegare l'emozione che provano. Poco importa, perché non hanno bisogno di parole per tradurre i loro sentimenti e poi lì le parole non servono a niente. Lì basta correre, giocare e sognare, un po' di qui e un po' di là. Lì niente è impossibile per Lenticchia, Scompiglio e Disoccupazione. Nemmeno sentirsi amati, per la prima volta, di tutto quell'amore puro di cui hanno bisogno gli uomini per vivere. Un sentimento di libertà che loro non hanno mai potuto condividere con qualcuno e che adesso li scalda, li coccola e li sostiene.

Lenticchia è così felice e mai avrebbe immaginato che sarebbe bastato sprofondare nell'immondizia per capire chi fosse veramente. Scompiglio si è sollevato come un pilota sopra tutte le cose e la sua anima è in pace. Disoccupazione ride e sente l'aria spirare tra i denti. Non ha più bisogno di teorie, d'ideologie e del sindacato, nemmeno del lavoro promesso dalla Costituzione.

Improvvisamente e con grande sorpresa, lì davanti a loro tre, compare, dal nulla, un'immagine luminosa, ma non è un angelo, non è nemmeno Treparole.

Rimangono incantati davanti alla sagoma di una femmina, così ammaliante che pare una Dea. Gli occhi son luminosi e i capelli neri. L'immagine si dilata e pervade i corpi di Lenticchia, Scompiglio e Disoccupazione. Alle loro orecchie giunge soave il suono dell'arpa che la Dea sfiora con maestria. La sua musica è una carezza. Il suo canto, lieve, è un abbraccio d'estasi.

Tutti e tre sono rinati, partoriti nello spirito. Così vivi e dilatati, presenti al sé eppure assenti al mondo materiale, volano via. Svaniscono dentro l'armonia.

Appendice

La *straccioneria*, parola qui coniata per l'occasione, è un'arte comune in questi tempi liquefatti, ma bisogna pur distinguere tra straccione e straccione. Il vero destinatario di quest'appellativo può essere solo il disadattato che l'ha acquisito per esperienza. Costui si è fatto valere sul campo, laddove la *straccioneria,* che potrebbe essere l'equivalente di cavalleria, si avvicina alla leggenda e il cavalier straccione si eleva verso il mito, quello di un uomo capace di vivere nell'ombra del reale, in una dimensione pura. Il suo essere straccione, perciò, equivale all'incapacità totale di soddisfare il benché minimo progetto inscritto in quella struttura creata a misura per gli uomini ridotti in bestie. Struttura elementare, in cui i poteri forti dominano i deboli. Rete in cui gli uomini, nutrendosi di violenza quotidiana, si trasformano, gli uni e gli altri, nell'ombra di se stessi.

Tutta quest'arguta filippica è necessaria per intuire come solo coloro che si escludano dal gioco del dominio, cioè i disadattati che fluttuano nell'aria, possano superare le caratteristiche biologiche che sono proprie della specie umana e secondo cui, abbiamo detto, si possono distinguere i poteri che dominano, dai poteri che son dominati.

Ebbene, lo straccione vive oltre la specie, in quella linea d'ombra dove, solo in seguito a terribili sciagure subite, può essere considerato un vero disadattato al mondo delle bestie, in grado perciò di acquisire una vocazione soprannaturale, legata allo spirito e irraggiungibile ai più.

Quali peggiori sciagure della fame, del caos interiore e della mancanza di lavoro subite dai cavalieri Lenticchia, Scompiglio e Disoccupazione, per entrare con diritto nel mito, dentro quella patria degli dei ormai abbandonata dalla specie umana e abitata da fantasmi?

Indice

Biobibliografia

Giacomo Gamba, creativo, alterna le attività di attore, drammaturgo, scrittore, regista teatrale.

Ha scritto e pubblicato una raccolta di racconti (*Red Flyer*, edito da Libroitaliano), opere di narrativa (*Spirito di nuvola, L'uomo in tasca,* editi da Firenze Libri), racconti polizieschi (*La donna del bar, Cortles* editi da Starrylink editrice), fiabe moderne (*La linfa di Evelyn, Momo e il Cactus, Jacques l'equilibrista, A pancia in su* a cura di Starrylink Editrice. *Victor e Pauline* e *L'artista* a cura di Centro Creazione Teatrale). Ha inoltre pubblicato la sua prima Opera Omnia *Teatro*.

Dal 2010 dirige il suo *Centro di Creazione Teatrale Permanente*. È stato creatore e direttore artistico di *Fabbrica del Vento*, officina laboratorio per produzioni teatrali, co-direttore artistico di *Esplora, Festival Internazionale di Teatro Contemporaneo* giunto alla quarta edizione, co-direttore artistico della *Cooperativa Teatro Laboratorio* fino al 2007. Co-fondatore della casa Editrice Starrylink per cui si è impegnato attivamente dal 2000 fino a inizio 2011. I suoi spettacoli sono stati rappresentati in numerosi Festival Internazionali (Argentina, Ecuador, Egitto, Armenia, Canada, Austria, Germania, Paesi Baschi, Bosnia Erzegovina, Stati Uniti, Scozia, ecc.), durante i quali ha svolto workshop teatrali sul suo metodo di lavoro.

Si è formato alla "Scuola di Teatro e Arte del movimento" di Brigitte Morel (Professeur agrégé de la Fédération Française de Dance) e Fabio Maccarinelli. Dal 1993 al 1996 è stato attore nella compagnia italo-francese "Scarabeblù" che ha portato in scena tra gli altri spettacoli Buzzati Bleus. È stato tra i fondatori di "Masnada Gruppo Teatro" con cui ha vinto nel 1998 il "Premio Scena Prima" per lo spettacolo *¿Que culpa Tiene el Tomate?*. In esso ha interpretato la parte dell'ambiguo *Rils*, personaggio uscito dalla sua penna creativa, in *Pampas* ha invece dato corpo e voce al sadico personaggio di *George*. Ha scritto *La Signora dei datteri*, diretto lo spettacolo *Passione*, creato i dialoghi dello spettacolo *Scians* e ideato la riduzione della tragedia Manzoniana *Il Conte di Carmagnola*, rappresentata in occasione delle rievocazioni della battaglia di Maclodio. Per "*Fabbrica del Vento*" ha scritto e diretto gli spettacoli *Sgòrby-*

park (Primo Premio al concorso teatrale "Le Voci dell'Anima", Rimini 2004; Primo Premio al "Concorso teatrale internazionale X TeatarFest", Sarajevo 2007), *Venteux* (Primo Premio al Concorso teatrale "Il Teatro che verrà", Spigno Saturnia 2006), *Mono Loco* (co-produzione "Masnada Teatro"), *Oxus Gennan*. Nel 2003 è stato attore nello spettacolo *Polyester* a Vienna per il "*Birte Brudermann Theatre*". Nel 2005 ha scritto e diretto lo spettacolo *Loving M* per la compagnia di danza "*Areazione*". Per lo Stabile di Brescia, "*CTB Centro Teatrale Bresciano*", ha scritto e diretto lo spettacolo *Extracom*. Per Cooperativa Teatro Laboratorio ha diretto lo spettacolo *Momo e il Cactus* tratto dall'omonimo racconto. Per la Compagnia *Teatro di sconfine* ha diretto i suoi spettacoli *Gigaflop e Ohminidi*. Attualmente è attore nello spettacolo *Sgòrbypark* rappresentato anche in lingua inglese. Nel 2012 *Petrol* vince il Primo Premio al 16° Festival Internazionale di Valleyfield, Montreal - Québec - Canada. Nel 2013 i suoi spettacoli *Oxus Gennan* e *Sgòrbypark* sono stati rappresentati al Little Theatre of Norfolk al Guest Artist Series 2013, Virginia Usa. Nell'estate 2016 *Petrol,* in una nuova versione, viene rappresentato al Fringe Festival di Edimburgo. Nel Febbraio 2017 firma la regia dell'opera lirica *Didone ed Enea* Di Henry Purcell, in lingua originale, per la Compagnia dell'Istituto Musicale Benedetti Michelangeli di Conegliano in occasione del ventennale. Nel Marzo 2017 debutta nello spettacolo *Il Circo delle Stelle* scritto e interpretato per la Compagnia di Milano Scimmie Nude, con la regia di Gaddo Bagnoli. Da anni conduce laboratori teatrali nelle scuole di teatro, danza e canto, approfondendo l'Arte del Movimento applicata alle diverse forme di spettacolo. È stato insegnante presso la Scuola di danza Olimpia di San Zeno, Brescia, presso la scuola di Danza Art Dance Fusion di Brescia e presso la scuola di Teatro e Danza Ritmosfera di Porto Potenza Picena, Marche. È docente per l'opzione Teatro, dal 2002, presso L'Istituto Superiore Cossali di Orzinuovi - Brescia e dal 2008 presso H.Vox Accademia della Voce di Brescia. Dal 2008 svolge volontariamente attività di Laboratorio teatrale con i ragazzi della Comunità Mondo X di Rodengo Saiano. Dal 2015, in collaborazione con Fabio Maccarinelli, da vita allo Spazio Aità di Brescia, dove conduce laboratori di formazione.

Centro Creazione Teatrale
www.giacomogamba.it
Finito di stampare nel mese di Luglio 2018
Printed By CreateSpace